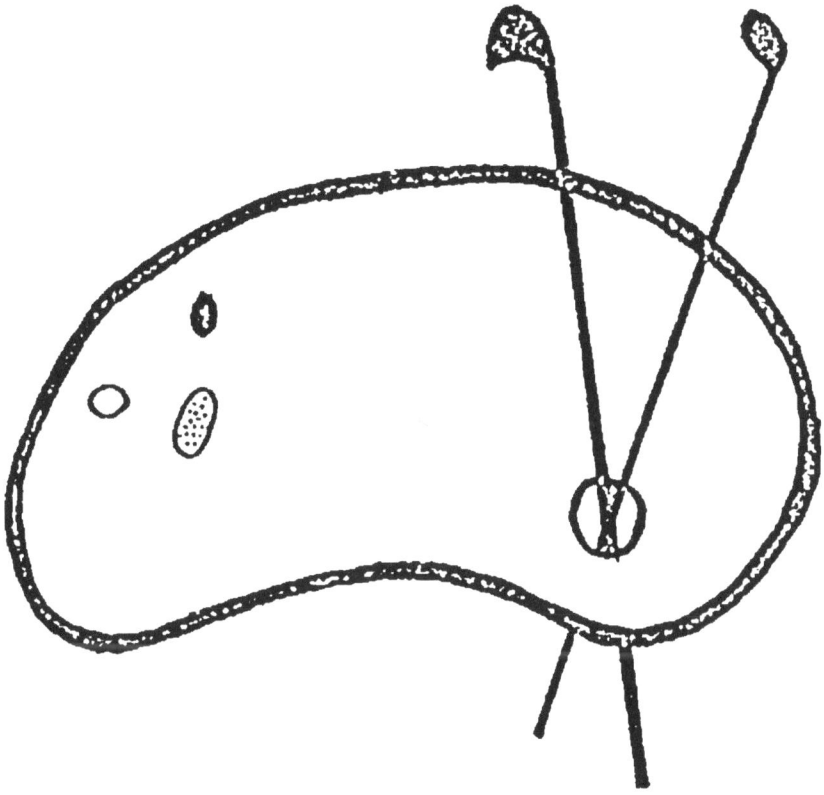

COUVERTURE SUPERIEURE ET INFERIEURE
EN COULEUR

NOTIONS ÉLÉMENTAIRES

D'ÉCONOMIE POLITIQUE

PAR

A. ORY

AVOCAT

DOCTEUR EN DROIT, CHARGÉ DU COURS DE LÉGISLATION USUELLE
AU LYCÉE DE CHAUMONT.

Il faut mettre la connaissance de
l'économie politique à la portée de
tous. Chacun comprendra quel est
son véritable intérêt et se conduira
en conséquence.

————— >———< —————

CHAUMONT
TYPOGRAPHIE ET LITHOGRAPHIE DE CHARLES CAVANIOL.

1877

NOTIONS ÉLÉMENTAIRES

D'ÉCONOMIE POLITIQUE

PAR

A. ORY

AVOCAT

DOCTEUR EN DROIT, CHARGÉ DU COURS DE LÉGISLATION USUELLE
AU LYCÉE DE CHAUMONT.

> Il faut mettre la connaissance de
> l'économie politique à la portée de
> tous. Chacun comprendra quel est
> son véritable intérêt et se conduira
> en conséquence.

CHAUMONT

TYPOGRAPHIE ET LITHOGRAPHIE DE CHARLES CAVANIOL.

1877

1° de l'intelligence qui conçoit ; 2° de la main qui exécute.

Conditions pour que le travail soit fructueux.

Que faut-il pour que le travail donne tous les résultats qu'on peut attendre de lui ?

Il faut qu'il soit éclairé.

1° Il faut d'abord que l'intelligence qui conçoit soit éclairée sur la nature et les aptitudes de la matière qu'elle transforme. Ainsi la terre réserve les récoltes les plus abondantes à celui qui, connaissant le sol qu'il laboure, sait y adapter le mode de culture le plus favorable, et lui confier les semences qu'il peut rendre en plus grande quantité. S'il n'est pas vrai, d'une manière absolue que savoir c'est pouvoir, tout au moins est-il certain que les résultats du travail sont en raison directe des lumières qu'on possède.

Il faut que l'exécution soit sûre et prompte.
On arrive à ce résultat par la division du travail.

2° La deuxième condition pour qu'un travail soit vraiment productif, c'est que la main qui l'exécute, soit sûre et prompte. Comment s'acquièrent ces deux qualités si précieuses? Par l'exercice, c'est-à-dire par la fréquente répétition des mêmes actes. C'est sur cette observation qu'est fondé le principe de la division du travail dans les industries qui permettent ce mode d'agir.

Lorsqu'une production exige un grand nombre d'opérations, dit M. Batbie, et qu'un ouvrier est obligé de les faire en passant successivement de l'une à l'autre, le résultat de son travail est presque nul. Si au contraire les fonctions sont divisées, la production s'augmente d'une manière considérable. Un exemple suffit pour mettre en lumière cette vérité. Des ouvriers qui seraient obligés, pour fabriquer des épingles, de tirer le fil, de le couper, d'aiguiser la pointe, de faire la tête, de la trouer, en un mot d'accomplir successivement les dix-huit opérations dont se compose cette production ne feraient guère chacun que 30 ou 35 épingles par jour. Au contraire, qu'on répartisse les fonctions entre dix ouvriers : ces dix personnes peuvent produire 50,000 épingles par jour, soit 5,000 chacun.

Ce qui donne à la division du travail sa puissance productive.

Comment expliquer ce fait ? Suivant l'économiste Anglais, Adam Smith, trois causes concourent à la puissance productive de la division du travail. La première, c'est l'adresse surprenante qu'acquiert l'ouvrier qui se livre constamment à la même opération. La deuxième, c'est l'épargne du temps que fait perdre le changement de place, d'occupation et d'outils. La troisième, c'est la découverte des procédés les plus expéditifs réduisant chaque opération à sa plus simple expression. Enfin on pourrait ajouter que la division du travail permet d'employer les ouvriers selon leurs forces et leurs aptitudes.

Il faut que le travail soit libre.

Le travail est encore d'autant plus productif, qu'il est plus libre. En voici la preuve. Que fait l'esclave attaché à une terre qu'il retourne pour un maître dont il n'attend d'autre salaire que sa nourriture ? N'est-il pas certain qu'il épargne ses efforts et qu'il n'accomplirait pas sa tâche s'il n'y était contraint et obligé par une force

matérielle ? Au contraire, l'homme qui est libre de son sort, arbitre de ses destinées, déploie toutes ses ressources à féconder la terre ou à produire des objets nouveaux. Son intelligence et ses forces sont vouées au travail qu'il embrasse parce qu'il trouve en lui un stimulant que ne rencontre pas l'esclave, l'espoir d'améliorer son sort en augmentant ses biens.

TROISIÈME ÉLÉMENT DE PRODUCTION.

Du capital.
Définition du capital.

Il est certains mots sur le sens desquels il importe d'être bien fixé. Le mot capital est de ce nombre. A l'origine, il désignait non point une somme d'argent, mais un ensemble d'animaux destinés à une exploitation. Dans le langage vulgaire, on entend généralement par capital toute somme qui produit un intérêt. Les économistes ont attribué à ce mot un sens à la fois plus étendu et plus précis. Pour eux, *le capital est toute valeur employée à la production, quelle que soit ailleurs la nature de cette valeur.* Ainsi, dit un économiste bien connu, lorsqu'une personne prête à un industriel 5,000 francs, pour les verser dans son industrie, il lui avance un capital, c'est du capital argent. Si au lieu d'avancer du numéraire, il lui prête une machine à vapeur, il fournit encore un capital, mais c'est un *capital machine.* Enfin, si un fabricant de matières premières prête à un manufacturier une certaine quantité de ses produits, là encore il y a un capital, mais un capital matières premières.

Du caractère du capital.

2° Ce qui constitue le véritable caractère du capital

aux yeux des économistes, c'est qu'il doit être employé à la production d'objets nouveaux. Ce point a été très nettement indiqué par M. Rossi. « Tout ce qui produit un revenu est une chose utile pour celui qui la possède, mais ce n'est pas nécessairement un capital. Je prête 10,000 francs à 5 % ce qui me donne un revenu de 500 francs. Mes 10,000 francs sont-ils un capital au point de vue de l'économie politique ? Oui, si l'emprunteur les emploie à produire quelque chose ; non dans le cas contraire. »

Diverses sortes de capitaux.

3° On distingue trois sortes de capitaux (1).

Capital improductif.

La première catégorie comprend la portion des produits destinée à la consommation immédiate et dont le caractère distinctif est qu'elle ne donne pas de revenu. Elle consiste principalement dans les aliments, les vêtements, les meubles.

Capital fixe.

La deuxième comprend ce qu'on appelle le *capital fixe*. Sa marque distinctive c'est qu'il rapporte un revenu, sans qu'aucun déplacement s'opère, sans qu'il change de maître. Il se compose des machines, des usines, des fermes, etc.

Capital circulant.

La troisième catégorie embrasse le capital *circulant*

---

(1) Cette division est empruntée à Ad. Smith.

dont le caractère est de ne produire un revenu qu'autant qu'il change de maître. Ainsi l'argent, les denrées qui sont chez le marchand pour être vendues, les matières brutes destinées a être manufacturées.

Une autre distinction consiste à diviser les capitaux en capitaux de production et en capitaux de consommation. Les premiers sont ceux qui, appliqués à l'industrie, augmentent les ressources d'une nation ; les deuxièmes sont ceux qui sont utilisés à satisfaire nos besoins.

Ce qu'est le capital.

Le capital est le résultat de l'épargne. Il naît et s'accroît chaque fois que le nombre des objets produits excède le nombre des objets livrés à la consommation. Par lui-même le capital est inerte ; c'est du travail mort qui gît accumulé. Il se vivifie et produit au contact de la main-d'œuvre qui l'exploite.

De son utilité.

L'utilité, la nécessité, veux-je dire, du capital, ne saurait être ni contestée, ni méconnue. Et en effet supprimez-le, et tous les efforts de l'homme restent vains et comme frappés de stérilité. Un exemple suffira pour mettre ce fait en pleine lumière. Que ferait le cultivateur sans son capital aratoire ? Pourrait-il retourner la terre sans sa charrue ou sa bêche ? Pourrait-il rentrer ses récoltes s'il n'avait des chariots, des animaux de trait et des bâtiments destinés à les recevoir. Si, quittant la culture, nous passons à l'industrie, ne voyons-nous pas que là aussi le capital est indispensable ? Que ferait l'ouvrier sans ses outils, ou le fabricant sans son usine ? Ne seraient-ils pas réduits tous deux à l'impuissance la plus complète ?

Le capital a cependant été de nos jours l'objet des plus vives attaques de la part d'hommes qui ne rêvent que sédition, troubles ou chimères. Rien n'est plus injuste, ni plus funeste que cette sorte de croisade ouverte contre lui. Aussi ne saurait-on trop se souvenir de ces éloquentes paroles d'un célèbre économiste, M. Bastiat : « Quelle est la puissance qui allége pour tous dans une certaine mesure le fardeau de la peine ? Qui abrège les heures de travail ? Qui desserre les cordons de ce joug pesant qui courbe vers la matière non-seulement les hommes, mais les femmes et les enfants. C'est le capital : le capital, qui, sous la forme des roues d'engrenages, des rails, des rames, des charrues, prend à sa charge une partie de l'œuvre primitivement accomplie aux dépens de nos nerfs et de nos muscles : le capital qui fait concourir de plus en plus au profit de toutes les forces gratuites de la nature. Le capital est donc l'ami, le bienfaiteur de tous les hommes et surtout des classes souffrantes. Ce qu'elles doivent désirer, c'est qu'il s'accumule, se multiplie, se répande, sans compte ni sans mesure. Et s'il y a un triste spectacle au monde, c'est de voir ces classes dans leur égarement faire une guerre acharnée au capital. »

CHAPITRE IV.

De la circulation au moyen de l'échange.

SECTION PREMIÈRE.

De la circulation.

C'est un fait constant et qui se révèle chaque jour, que les objets produits ne restent généralement pas entre

les mains du producteur. Ils passent de lui à d'autres,
ils circulent. Ainsi, le cultivateur ne consomme pas tout
le blé que lui donnent ses terres. Mais en revanche,
d'autres objets lui sont nécessaires pour satisfaire à ses
besoins. Comment d'une part pourra-t-il tirer parti de
la quantité de blé qu'il n'emploie pas à son usage ? Comment d'un autre côté se procurera-t-il ce qui lui manque?
Par l'échange.

La circulation se fait par l'échange qui est le plus ancien
des contrats.
De la forme primitive de l'échange.

L'échange est le plus ancien des contrats. Il apparaît
à l'origine de toutes les sociétés. Qu'on se représente
cette époque primitive où le droit de propriété n'était
pas connu, et on verra les hommes se prêtant des secours
mutuels. L'un aide l'autre de son adresse ; l'autre l'aide
de sa force, et ils font ainsi un échange des avantages
qu'ils tiennent de la nature. Que la propriété s'établisse,
que chacun puisse s'attribuer le prix de son travail, et
nous constaterons que les échanges ne font que se multiplier à l'infini. C'est qu'il n'est donné à personne d'em-
brasser tous les genres de travaux que nécessitent ses
besoins. Pour que ceux-ci soient satisfaits, il faut que
les hommes échangent entre eux non plus les avantages
de la nature, mais les produits de leur industrie. Celui,
par exemple, qui a une trop grande quantité de blé,
échange l'excédant de ce blé pour du vin qui lui fait dé-
faut.

De la forme actuelle de l'échange.

Telle est la forme primitive de l'échange. Mais elle ne
saurait suffire aux exigences d'une société civilisée.
Ainsi, comme on l'a remarqué, un cultivateur qui de nos

jours n'aurait pour toute fortune que du blé, ne pourrait guère avec ce blé, payer son chapelier, son tailleur et son boucher. Il a fallu trouver un moyen de rendre l'échange plus praticable et plus commode. Les nations civilisées ont choisi une marchandise particulière, l'or et l'argent qu'elles considèrent comme représentant la valeur de tous les travaux et de tous les objets qui peuvent être dans le commerce. L'or et l'argent sont, sous le nom de monnaie, l'intermédiaire dans les échanges. Ainsi le cultivateur dont nous parlions tout-à-l'heure échangera son blé contre de la monnaie, puis cette monnaie contre un chapeau ou un habit. C'est en dernière analyse comme s'il échangeait du blé contre un chapeau. Mais cette opération a été facilitée par l'intermédiaire de la monnaie.

Des avantages que chacun de nous retire de l'échange.

Au point de vue de l'utilité privée, comme au point de vue de l'intérêt public, les avantages qui naissent de l'échange sont d'une évidence si manifeste que personne ne songe à les contester. Par cela seul qu'un échange s'accomplit, disait Condillac, il doit y avoir nécessairement profit pour les deux parties contractantes : autrement l'échange ne se ferait pas. Chaque échange renferme donc deux gains pour l'humanité. Telle est la pensée qu'a développée M. Bastiat dans ce beau passage que j'extrais de ses œuvres : « Prenons, dit-il, un homme appartenant à une classe modeste de la société, un menuisier de village, par exemple, et observons tous les services qu'il rend à la société et tous ceux qu'il en reçoit : nous ne tarderons pas à être frappés de l'énorme disproportion apparente. Cet homme passe sa journée à raboter des planches, à fabriquer des armoires. Il se plaint de sa condition, et cependant que reçoit-il de la

société en échange de son travail? D'abord tous les jours
en se levant, il s'habille et il n'a personnellement fait aucune des nombreuses pièces de son vêtement. Or, pour
que ces vêtements, tout simples qu'ils sont, soient à sa
disposition, il faut qu'une énorme quantité de travail,
d'industrie, de transports, d'inventions ingénieuses, ait
été accomplie. Il faut que des Américains aient produit
du coton, des Indiens de l'indigo, des Français de la
laine et du lin, des Brésiliens du cuir ; que ces matériaux
aient été transportés dans des villes diverses, qu'ils y
aient été ouvrés, filés, tissés, teints. Ensuite il déjeune.
Pour que le pain qu'il mange arrive tous les matins, il
faut que des terres aient été labourées, fumées et ense-
mencées ; il faut que les récoltes aient été préservées
avec soin du pillage ; il faut que le froment ait été ré-
colté, broyé, pétri, préparé, il faut que le fer, l'acier, le
bois, la pierre, aient été convertis par le travail en instruments de travail, que certains hommes se soient em-
parés de la force d'animaux, d'autres du poids d'une
chute d'eau ; toutes choses dont chacune, prise isolément,
suppose une masse incalculable de travail mise en jeu,
non-seulement dans l'espace, mais dans le temps. Cet
homme ne passera pas sa journée sans employer un peu
de sucre, un peu d'huile, sans se servir de quelques us-
tensiles. Il enverra son fils à l'école pour recevoir une
instruction qui, quoique bornée, n'en suppose pas moins
des recherches, des études antérieures, des connaissances
dont l'imagination est effrayée. Il sort, il trouve une
rue pavée et éclairée. On lui conteste une propriété : il
trouvera des avocats pour défendre ses droits, des juges
pour l'y maintenir, des officiers de la police pour faire
exécuter la sentence. Toutes choses qui supposent des
connaissances acquises, des lumières et par conséquent
des moyens d'existence. Il va à l'église : elle est un mo-
nument prodigieux : et le livre qu'il porte est un monu-

ment peut-être plus prodigieux encore de l'intelligence humaine. On lui enseigne la morale ; on éclaire son esprit ; on élève son âme, et pour que tout cela se fasse, il faut qu'un autre homme ait pu fréquenter les bibliothèques, les séminaires, puiser à toutes les sources de la tradition humaine, qu'il ait pu vivre sans s'occuper directement des besoins de son corps. Si notre artisan entreprend un voyage, il trouve que, pour lui épargner du temps et diminuer sa peine, d'autres hommes ont aplani, nivelé le sol, comblé des vallées, abaissé des montagnes, joint les rives des fleuves, amoindri tous les frottements, dompté les chevaux ou la vapeur. J'ose dire que, dans une seule journée, cet homme consomme ou emploie plus de choses qu'il ne pourrait, réduit à ses propres forces, en produire dans dix siècles. Ce qui rend le phénomène plus étrange, c'est que tous les autres hommes sont dans le même cas. Chacun de ceux qui composent la société absorbe des millions de fois plus qu'il n'aurait pu produire, et cependant ils ne se sont rien dérobé mutuellement. Et, si l'on regarde de près, on verra que le menuisier a payé en services tous les services qui lui ont été rendus. S'il tenait ses comptes avec une rigoureuse exactitude, on se convaincrait qu'il n'a rien reçu sans le payer au moyen de sa modeste industrie ; que quiconque a été employé à son service, a reçu ou recevra sa rémunération.

SECTION DEUXIÈME.

De la valeur.

Un échange ne peut s'opérer qu'autant que les parties contractantes tombent d'accord sur la *valeur* des objets à échanger. Qu'entend-t-on par valeur ? Comment se détermine-t-elle ? C'est ce que nous allons examiner.

Définition de la valeur.

1° On appelle *valeur* la puissance qu'ont certaines choses d'en procurer d'autres. Ainsi, si pour obtenir un hectolitre de vin, je donne un hectolitre de blé, on dira que ces objets sont de même valeur, parce qu'une quantité de blé déterminée me procure une quantité de vin égale. Si au contraire pour avoir un hectolitre de vin, je dois donner cent cinquante litres de blé, la valeur des deux produits n'est plus la même. Le blé a perdu de son prix, le vin au contraire a gagné.

La valeur vient de l'utilité et de la rareté.

2° La valeur vient de l'utilité. Et en effet, plus une chose nous procure d'avantages, plus nous la désirons, plus nous sommes prêts à faire des sacrifices pour l'obtenir. Mais ce n'est pas seulement de son utilité qu'un objet tire sa valeur, c'est encore de sa rareté. Ainsi le blé est toujours très-utile, mais il n'a pas une grande valeur quand il est très-abondant. Qu'il devienne rare par suite d'une mauvaise récolte, immédiatement son prix s'élève. Toutefois, comme on l'a fait remarquer, à y regarder de près, la rareté n'est qu'une forme de l'utilité. Car plus un objet est rare, s'il m'est nécessaire, plus sa possession me sera utile.

Quelques économistes ont tenté de nier que la valeur d'un objet vînt de son utilité. L'eau, ont-ils dit, est de la plus grande utilité, et cependant elle n'a pas de valeur. L'argument est spécieux, mais il est facile de le réfuter. Quand on dit que l'eau est utile, c'est en tant qu'on la considère comme élément, mais alors aussi, elle est de la plus haute valeur. « Que ne donneraient pas pour se la procurer une ville assiégée et un pays ruiné par la sécheresse. » Quand on dit que l'eau est sans valeur, c'est lorsqu'on la regarde comme prise en petite quantité ; mais alors aussi elle offre bien peu d'utilité.

Comment se détermine la valeur.

3° La valeur ne se détermine pas de la même manière pour tous les objets. S'agit-il d'objets qu'on ne peut créer à volonté, comme des tableaux, des statues antiques? Leur valeur se fixe uniquement d'après l'offre qu'en font les amateurs. S'agit-il au contraire d'objets qui peuvent être produits et multipliés à volonté? Le prix en est réglé d'après les frais de production.

La valeur varie suivant l'offre et la demande.

La valeur des objets est soumise à des fluctuations incessantes. Elle varie suivant la loi de l'offre et de la demande. C'est là un fait qui se révèle tous les jours sous les formes les plus saisissantes. Supposons qu'à un marché se trouve de nombreuses personnes venues pour vendre du blé et que peu de personnes se présentent. Qu'arrivera-t-il? Le prix du blé sera minime. Que quelques jours après le phénomène inverse se produise. Que les vendeurs découragés par la vilité du prix se retirent et que les acheteurs affluent, le prix du blé deviendra d'autant plus élevé que les demandes seront plus nombreuses et les offres plus rares.

SECTION TROISIÈME.
De la monnaie.

Origine de la monnaie.

La multiplicité toujours croissante des échanges a fait rechercher les moyens de les rendre plus faciles. Telle a été l'origine des monnaies. Aussi, l'échange, nous l'avons vu, ne s'opère point au sein d'une nation civilisée comme chez un peuple barbare. On ne troque point généralement un objet pour un autre objet. Le cultivateur qui veut se procurer un vêtement ne donne point du blé à son tailleur. Il échange son blé contre de l'or ou de l'argent, puis il échange cette monnaie qu'il a reçue contre les habits qu'il désire acquérir.

Lorsqu'un peuple trafique sur un grand nombre de marchandises, dit Montesquieu, il lui faut nécessairement une monnaie, parce qu'un métal facile à transporter épargne des frais qu'on serait obligé de faire, si comme aux époques primitives on échangeait directement un objet contre un autre objet.

Définition de la monnaie.

2° La monnaie est un signe qui représente la valeur de tous les travaux et de tous les objets qui sont dans le commerce.

Des métaux employés comme monnaie.
Des qualités qu'ils doivent offrir.

3° Les métaux qui sont employés comme monnaie doivent offrir certaines qualités. Il faut qu'ils soient précieux afin qu'on n'ait pas à redouter des variations aussi fréquentes que funestes. Il faut qu'ils soient en petite quantité et faciles à transporter, c'est-à-dire qu'il faut qu'ils aient un grand prix sous un petit volume. Il faut de plus qu'ils soient homogènes, qu'ils se divisent facilement et qu'ils subsistent longtemps. Il importe de plus qu'ils tirent leur valeur d'eux-mêmes, et que chez toutes les nations civilisées on leur attribue un prix à peu près égal (1).

(1) Voir à ce sujet la *Semaine financière* du 31 décembre 1861.

De l'empreinte substituée au pesage.

L'or, l'argent et le cuivre sont les métaux qui réunissent au plus haut point toutes ces qualités. C'est ce qui fait qu'ils ont été choisis. A l'origine, lorsqu'on commença à se servir de la monnaie, on la pesait. Mais bientôt chaque état y mit son empreinte afin que la forme répondît du titre et du poids et que l'on en pût connaître la valeur à première vue. Cette empreinte ou effigie que porte la monnaie n'est autre chose qu'une garantie. Il importe tellement à la prospérité du commerce et à la fortune publique que cette garantie soit sérieuse que les peines les plus sévères sont prononcées contre ceux qui contrefont l'empreinte apposée sur la monnaie. On ne peut prononcer le mot de faux-monnayeur, disait le conseiller d'État Berlier, sans songer à la gravité du crime et aux alarmes qu'il répand dans la société. Aussi le Code pénal de 1810 condamnait-il à la peine de mort ceux qui contrefont ou altèrent les monnaies d'or ou d'argent ayant cours légal, ceux qui les distribuent, les exposent ou les introduisent en France. Cette disposition a été mitigée par la loi du 28 avril 1832 et la peine de mort commuée en peine des travaux forcés à perpétuité. Cette même loi dispose que celui qui aura contrefait ou altéré des monnaies de billon ou de cuivre ayant cours légal en France ou participé à l'émission ou à l'exposition des dites monnaies contrefaites ou altérées, ou à leur introduction sur le territoire français, sera puni des travaux forcés à temps. (Art. 132 du Code pénal.)

De la valeur réelle et de la valeur nominale.

Toute pièce de monnaie a une double valeur : l'une réelle, l'autre nominale. La valeur réelle est celle que la pièce de monnaie tire d'elle-même, c'est-à-dire de la quantité et du titre du métal qu'elle renferme, abstraction faite de l'empreinte qu'elle porte. La valeur nominale au contraire est celle qui est assignée à cette pièce par l'effigie dont elle est frappée. Ces deux valeurs ne sont pas toujours identiquement les mêmes. Ainsi nos pièces d'or qui ont la valeur nominale de vingt francs n'ont qu'une valeur réelle de dix-neuf francs et quelques centimes.

Il est toutefois de la plus haute importance que ces deux valeurs soient entre elles aussi peu différentes que possible. C'est là ce que reconnaissait Montesquieu quand il écrivait : « Ce sera une très-bonne loi dans tous les pays où l'on voudra faire fleurir le commerce que d'ordonner qu'on emploie des monnaies avec leur valeur réelle, et qu'on ne fasse point d'opérations qui puissent leur attribuer une valeur nominale différente. Rien ne doit être si exempt de variation que ce qui est la mesure commune de tout. »

Il ne faut ni trop ni trop peu de monnaie.

« Pour que la fortune d'une nation soit prospère, il faut qu'il n'y ait ni trop ni trop peu de monnaies en circulation. La trop grande abondance de numéraire fait que les autres marchandises atteignent un prix excessif; la pénurie fait que les échanges languissent et que l'ordre économique est troublé. La quantité d'unités monétaires doit dépendre de la quantité des usages qu'on en veut faire, comme le nombre des véhicules indispensables dépend de la masse des marchandises à transporter. »

SECTION QUATRIÈME.
Du papier-monnaie.

Définition du papier-monnaie.

Ce n'est pas seulement sous la forme d'espèces métalliques que la monnaie se présente dans la circulation, c'est aussi sous la forme de papier qui prend le nom de papier-monnaie. On entend par ce mot un *titre* auquel un Etat confère, par une disposition législative, la qualité de monnaie et auquel il assigne une valeur représentant une somme déterminée.

Le papier-monnaie n'a aucune valeur intrinsèque.

A la différence de la monnaie métallique, le papier-monnaie n'a aucune valeur par lui-même. Que peut en effet valoir un morceau de papier? Toute la valeur du papier-monnaie se tire du prix qui lui est assigné par l'Etat et surtout de la confiance dont il jouit.

Origine du papier-monnaie.
Law est le premier qui l'introduisit en France.

L'origine du papier-monnaie est fort ancienne. Il semble en effet que celui-ci ait été employé par les Carthaginois. Ce n'est qu'au siècle dernier que la France en fit l'expérience. L'économiste Law fut le premier qui introduisit chez nous cette monnaie.

Après avoir joui d'une faveur excessive, elle tomba bientôt dans le plus complet discrédit.

Des assignats.

En 1789, en présence du déficit énorme causé par les folles dépenses de Louis XV, la République dut de nouveau émettre un papier-monnaie resté tristement célèbre sous le nom d'assignats. Il est intéressant de voir comment ce papier-monnaie prit naissance. L'Assemblée constituante, pour faire face à la crise financière qui pesait sur elle, avait décrété la vente de quatre cent millions des biens du domaine royal et de l'Eglise. Si ordonner

était chose facile, vendre était chose à peu près impos-
sible. C'est alors que Bailly proposa de transmettre les
biens à vendre aux municipalités qui les achèteraient en
masse puis les revendraient en détail. Les municipalités
n'ayant pas de fonds souscriraient des engagements et
l'Etat paierait ses créanciers avec des bons sur les communes que celles-ci acquitteraient successivement. Ces
bons qu'on appela *papier municipal* lors de leur créa-
tion, furent mis en circulation sous le nom d'assignats.
La loi du 29 juillet 1790 décidait que les assignats garantis par les biens nationaux et remboursables sur les
prix de ces biens devaient être reçus comme espèces dans
les caisses privées et publiques. C'était ainsi leur donner
cours forcé. La confiance qu'ils inspirèrent ne fut ni
bien grande, ni de longue durée. Ils tombèrent prompt-
ement au-dessous de leur valeur nominale. La Conven-
tion chercha vainement à leur donner le crédit qui leur
manquait en multipliant les lois sur le commerce et la
circulation de l'argent. Toutes sont empreintes d'un caractère de violence et d'arbitraire qui trahit la situation
désespérée dans laquelle la France était alors plongée.
Elles ne firent que hâter la disparition des assignats.

Des billets de banque.
Des garanties qu'ils présentent.

Il n'y a guère en ce siècle que la France où le Gouvernement se soit abstenu d'émettre directement du
papier-monnaie. Il le fait émettre par une banque pri-
vilégiée, placée sous sa surveillance, qu'on nomme la
Banque de France. A la différence de ce qui se passait
autrefois, notre papier-monnaie, le billet de Banque,
jouit d'une extrême faveur. A quoi cela tient-il? A ce
qu'il offre les garanties les plus sérieuses. S'il est accepté
avec empressement, s'il a la valeur exacte de la monnaie

d'or ou d'argent, c'est que personne n'ignore que la Banque de France a un encaisse métallique énorme qui répond du paiement. Il y a en ce moment, en circulation, deux milliards et demi de billets de banque, garantis par plus de deux milliards d'espèces métalliques. La Banque de France pourrait donc rembourser en numéraire tous les billets émis par elle, si elle n'était retenue par d'autres considérations. Dans ces conditions, c'est-à-dire, lorsque le papier-monnaie repose sur des garanties sûres, lorsqu'il est payable à volonté et à vue, il est un des instruments d'échange les plus commodes et les plus propres à favoriser le développement de la richesse et les progrès de l'industrie.

NOTE. — Il y a cent ans environ, Adam Smith disait qu'on pouvait aussi bien aller en guerre avec des canons de papier qu'avec du papier-monnaie. L'expérience a donné un démenti éclatant au grand économiste. Depuis vingt-cinq ans presque toutes les nations de l'Europe ont eu recours au papier-monnaie. La Russie en a émis en 1854 et 1855 pour soutenir la guerre de Crimée. L'Autriche a créé celui qu'elle a pour se défendre contre l'Italie en 1859, puis contre l'Allemagne en 1866. Les Etats-Unis ont émis le leur contre la guerre de sécession. Enfin la Turquie combattait il y a quelques mois contre les Serbes avec du papier-monnaie. Si propres que soient ces faits à réhabiliter le papier-monnaie, les Gouvernements ne doivent pas oublier qu'il offre parfois les plus grands inconvénients, parce qu'il peut jeter le trouble dans les situations, favoriser l'agiotage, faire illusion sur les richesses d'un pays, et par là le précipiter dans de folles dépenses.

CHAPITRE V.
De la consommation.
De la consommation.

Nées du travail, les choses nécessaires à nos besoins sont mises en circulation puis elles finissent par être consommées. Tel est le terme où elles aboutissent fatalement.

Consommation reproductive et consommation non-reproductive.

La consommation ne se présente point toujours à nous sous le même aspect. Les économistes divisent la consommation en consommation productive et consommation improductive, ou, plus justement, non *reproductive*. La consommation reproductive est celle qui détruit, absorbe une valeur pour la remplacer par une autre. En voici un exemple : La laine filée qui a servi à fabriquer du drap n'existe plus à l'état de fil, mais elle est transformée en un produit nouveau qui a une valeur supérieure à celle qu'avait le fil. La consommation non reproductive est celle qui détruit une valeur sans la remplacer. C'est celle que nous faisons des aliments que nous prenons tous les jours, des vêtements qui nous couvrent, des meubles dont nous nous servons.

La consommation reproductive transforme les produits du travail pour en tirer de nouvelles richesses.

Examinons successivement chacune de ces consommations. Comme nous l'avons indiqué par un exemple, la consommation productive a pour résultat de transformer les produits du travail pour en tirer de nouvelles richesses. A quel caractère reconnaît-on qu'une consommation est productive ? Est-ce d'après la destination qu'on lui assigne ? Non, mais d'après le résultat qu'elle donne. « Il ne suffit pas, dit Mach Culloch, pour prouver qu'on a employé productivement une chose, de dire par exemple qu'elle a été dépensée à l'amélioration du sol, car appliquée sans discernement, elle a pu demeurer stérile. La consommation n'est productive que lorsqu'elle donne naissance à des objets d'une valeur égale ou supérieure à ceux qui ont été employés. Si l'on examine dans quelle limite se manifeste cette consommation productive, on verra qu'elle est en rapport avec les besoins qu'on éprouve des objets qu'elle sert à former. Ainsi, si dans une contrée les habits en tissus de laine sont demandés de toute part, la laine à l'état de fil sera recherchée et employée avec activité.

La consommation non-reproductive donne satisfaction à nos besoins.
Dépenses nécessaires et dépenses de luxe.

La consommation non reproductive n'a d'autre but que de donner satisfaction aux exigences de notre corps. Parmi les besoins auxquels nous sommes assujétis, il en est qui demandent à être satisfaits sous peine de compromettre notre existence. Ainsi la nourriture et les vêtements nous sont indispensables. Se les procurer, c'est faire une dépense nécessaire. A côté de ces dépenses auxquelles on ne peut se soustraire, viennent s'en placer d'autres qu'on nomme dépenses de luxe. Elles sont destinées à nous procurer des objets qui ne sont pas indispensables à notre vie, mais qui flattent nos goûts et qui rendent plus agréable notre existence.

Du luxe.
De la prodigalité et de l'avarice.

On a déclamé contre le luxe en vers et en prose depuis deux mille ans et on l'a toujours aimé (1). C'est que le luxe, outre l'attrait qu'il présente est aussi utile que

(1) Voltaire, *Dict. philosophique.*

légitime quand il est borné à de sages limites. Qu'il vienne à disparaître et on verrait bientôt s'évanouir l'industrie, le commerce, les beaux arts, en un mot à peu près tout ce qui distingue les peuples civilisés des hordes barbares. Mais il ne faut pas que le luxe soit excessif. Car la prodigalité est comme l'avarice, un des écueils de l'Economie politique. L'une et l'autre, dit J.-B. Say, se privent des avantages qu'on peut tirer de la richesse, la prodigalité en épuisant ses moyens, l'avarice en se défendant d'y toucher. Le prodigue obtient grâce plus facilement que l'avare, mais sa manière d'agir n'est pas moins funeste à la société. Par ses folles dépenses, il enlève à l'industrie des capitaux qui pourraient être utilisés à reproduire de nouvelles richesses et il porte ainsi une réelle atteinte à ses progrès. L'avare, pendant son existence, prive aussi la société des capitaux qu'il se plaît à entasser stérilement. Mais à sa mort, presque toujours, sa fortune est mise en circulation. Elle vient animer et vivifier l'industrie. Ainsi il n'y a qu'un retard d'apporté à l'usage qui devait être fait de ses richesses (1).

Rapport qui doit exister entre la production et la consommation.

La production et la consommation doivent, pour que la fortune d'un pays soit florissante, être en rapport l'une de l'autre. Qu'arriverait-il en effet si l'équilibre que nous jugeons nécessaire entre ces deux facteurs de l'économie politique venait à être rompu ? Supposons que la consommation excède la production. La demande des objets qui nous sont nécessaires deviendrait très-

(1) *Parallèle du Prodigue et de l'Avare*, de J.-B. Say.

active, et alors leur prix s'élèverait d'une manière exorbitante. Si au contraire la production était de beaucoup supérieure à la consommation, les produits étant peu recherchés se vendraient à vil prix.

Il est de la nature des choses que les intérêts du consommateur soient diamétralement opposés à ceux du producteur. Mais, comme l'a justement observé Bastiat, ils sont en parfaite harmonie avec les intérêts généraux de l'Etat. Que peut en effet souhaiter le consommateur? N'est-ce pas que les objets dont il a besoin, s'offrent à lui en abondance et à un prix modéré? Et pour cela ne doit-il pas désirer que les saisons soient propices à toutes les récoltes, que des inventions de plus en plus ingénieuses mettent à sa portée un plus grand nombre de produits, que les distances s'effacent, que l'esprit de justice et de paix permette au commerce de s'épanouir en sécurité? En tout cela l'intérêt du consommateur est conforme à l'intérêt bien entendu de l'Etat.

CHAPITRE VI.

Du droit de propriété.

On a comparé la terre à un vaste théâtre que le Tout-Puissant a disposé avec une sagesse et une bonté infinies pour les plaisirs et les travaux de l'humanité entière, où chacun a le droit de se placer comme spectateur et de remplir son rôle comme acteur à condition de ne pas troubler les autres.

Le droit de propriété a son origine dans nos besoins.

L'homme en arrivant sur ce théâtre n'apporte que des besoins à satisfaire. Obligé de veiller à sa conservation il ne saurait exister sans consommer : il a donc un droit naturel aux choses nécessaires à sa subsistance et à son entretien. L'idée de s'approprier ces objets naît avec lui. La notion de propriété s'est trouvée au berceau de l'humanité ; elle est ancienne comme le monde, universelle comme la raison.

Le droit de propriété est fondé sur le travail.

D'après les conjectures les plus probables, le droit de propriété ne s'est d'abord appliqué qu'à des choses mobilières. Les premiers hommes ont songé à recueillir les fruits qui se présentaient à eux, avant de penser à partager le sol pour le féconder de leurs travaux. Les tribus sauvages de nos jours n'agissent pas autrement. Puis la population s'est accrue. Les ressources que la nature offrait d'elle-même, n'ont pas suffi : la nécessité d'augmenter les moyens de subsistance s'est imposée à l'humanité. Alors est née l'agriculture, alors ont paru les différents arts. Le sol a été partagé entre les hommes. Chacun a cultivé la parcelle qui lui est échue, il lui a confié ses semences, il l'a arrosée de sa sueur ; par le travail il l'a fait sienne, par le travail il l'a rendue sa propriété. Est-il à la fois une conquête plus noble et plus légitime?

Légitimité du droit de propriété.

2° Le droit de propriété a cependant été de nos jours l'objet des attaques les plus vives. Un économiste est allé jusqu'à écrire : « *la propriété, c'est le vol.* » Au point de vue de la raison comme au point de vue des faits, cette assertion est monstrueuse. Voyons en effet combien au point de vue de la raison le droit de propriété est légitime. L'homme, dit M. Franck, est né libre, c'est-à-dire qu'il a la possession de lui-même, l'usage de ses facultés, de son corps, de son intelligence. Il a par conséquent le droit d'employer à telle œuvre qu'il préfère, les diverses parties de son être, à condition de ne point blesser le droit des autres. Or si ses forces, ses facultés, ses organes sont à lui, l'œuvre à laquelle il les a consacrés, les résultats qu'il a obtenus, créés en quelque sorte, lui appartiennent au même titre, car ces résultats ne sont en vérité qu'une conquête de son activité, de sa prévoyance, de son courage. Enlever à l'homme ce qu'il s'est assimilé par l'application de son intelligence et de son industrie, ce serait attenter à l'inviolabilité de sa personne.

Au point de vue des faits, le droit de propriété foncière n'est pas plus discutable. C'est ce que M. About a démontré dans son livre *du Progrès*. Toutes les propriétés de France, dit-il, sans aucune exception, ont été achetées au moins une fois par le travail de quelqu'un. Peut-être restait-il en 1793, quelques hectares acquis par une autre voie que le travail; mais depuis, le peuple a tout payé par ses économies. D'ailleurs il n'y a pas un seul mètre de terre dont la valeur totale n'ait été rachetée par l'impôt de 1789 au jour où nous vivons. Donc les propriétaires ont acquis leur bien par le travail, centime par centime.

Le droit de propriété n'est pas seulement légitime, il est nécessaire.

Est-ce assez de dire que le droit de propriété est légitime? Ne faut-il pas ajouter qu'il est nécessaire? Que deviendrait en effet l'agriculture? Que deviendraient l'industrie et les arts si le droit de propriété venait à disparaître? Si nous n'avions pas la certitude de conserver cette portion du sol à laquelle nous avons consacré nos labeurs, attaché nos espérances, nous en userions comme des mercenaires, non pour la féconder, mais pour l'épuiser. Si l'ouvrier n'avait pas la libre disposition des produits qu'il tire de son travail, s'il ne pouvait épargner pour l'avenir, il se contenterait de suffire à ses besoins les plus urgents et à ceux des siens. Là se bornerait sa production, là s'arrêterait son activité. A quoi bon multiplier ses efforts, mettre en jeu les forces de son corps et les ressources de son intelligence, si ce qu'il produit ne doit point rester entre ses mains, devenir son bien, sa propriété? C'est que, comme l'a dit Portalis, c'est le droit de propriété qui a fondé les sociétés humaines. C'est lui qui a vivifié, étendu, agrandi notre existence. C'est par lui que cet esprit de mouvement et de vie qui anime tout a fait éclore les germes de la richesse. Aussi là où le droit de propriété est sérieusement garanti, là où il est mis à l'abri de toute atteinte, là où il est entouré de respect, là aussi la prospérité règne et s'accroît. « Encouragée par la certitude de jouir de ses conquêtes, l'industrie s'épuise en mille inventions nouvelles, elle transforme des déserts en campagnes, creuse des canaux, sèche des marais, et couvre de moissons abondantes des plaines qui, pendant des siècles, étaient demeurées stériles. »

Le droit de propriété ne crée pas l'inégalité.

On a prétendu que le droit de propriété était l'origine de l'inégalité parmi les hommes. Pour qu'il en soit ainsi, il faudrait prouver que l'égalité a été établie par la nature entre nous. Or où la rencontrons-nous? Nulle part. Et en effet les hommes sont-ils égaux en taille? Sont-ils égaux en forces? Ont-il tous une égale aptitude, un égal talent? Le hasard et les événements ne viennent-ils pas à leur tour ajouter des différences à celles qui ont été établies par la nature?

Un partage égal des terres est une pure utopie.

Pour établir une égalité chimérique, quelques hommes ont rêvé un partage égal des propriétés entre tous les habitants d'un même pays. En supposant possible la réalisation d'une pareille entreprise, aboutirait-elle au résultat qu'on veut obtenir ? Assurément non. Admettons un instant que toutes les propriétés soient égales aujourd'hui, le seraient-elles encore demain ? Le seraient-elles dans six mois ? Le prodigue n'en aurait-il pas aliéné une partie pour satisfaire ses goûts ou assouvir ses passions ? Le commerçant qui préfère l'argent à la propriété foncière n'aurait-il pas fait de même ? L'inégalité ne cesserait que pour renaître parce qu'elle est de l'essence des choses.

Chacun de nous a la libre disposition des biens qui nous appartiennent.

La loi civile, a dit Montesquieu, doit être la sauvegarde de la propriété. C'est là le principe dont s'inspirèrent les législateurs de 1804 dans la première partie de l'article 537 du Code civil. Ils comprirent qu'il importait de consacrer solennellement cette liberté comme la garantie la plus efficace du droit de propriété.

Mais ce principe, quelque sage qu'il soit, aurait pu entraîner à sa suite de fatales conséquences, si l'usage que chacun peut faire de sa propriété, avait été soustrait à la surveillance de la loi. Il a donc fallu, en même temps qu'on assurait aux particuliers la libre disposition de leurs biens, ajouter à cette maxime inviolable le principe non moins sacré que cette disposition était soumise aux modifications établies par la loi.

Restrictions apportées au droit de propriété.

C'est ainsi par exemple, qu'un propriétaire ne peut

avoir des vues sur le fonds voisin qu'à une certaine distance (art. 678, 679 C. civ.); ainsi qu'il ne peut déverser sur ce fonds les eaux pluviales qui découlent de son toit; ainsi qu'il ne peut établir certaines constructions sans observer les prescriptions de l'article 674.

L'intérêt général ne devait pas être garanti avec moins de soin que l'intérêt particulier. De nombreuses lois ont été portées pour empêcher les abus de la propriété qui seraient des dangers pour la vie des citoyens, ou des atteintes portées à la sûreté de la société. Je n'en citerai que quelques-unes à titre d'exemple.

Les lois sur les établissements dangereux et insalubres.

Les lois sur les mines.

Les lois sur l'alignement de la voirie.

Quelque absolu que soit le droit du propriétaire sur les biens qu'il possède, ces biens peuvent lui être enlevés au nom de l'intérêt public. Ce privilége, accordé à la société, d'exiger d'un particulier la cession complète de sa propriété n'est pas de date récente. Il a son origine dans une ordonnance de Philippe-le-Bel. L'Assemblée Constituante le consigna dans la déclaration des Droits de l'homme. Depuis cette époque, il fut reproduit sinon expressément, du moins implicitement dans les constitutions qui ont régi la France.

Aux termes de l'art. 17 de la déclaration des droits de l'homme, l'expropriation n'était admise que pour cause de nécessité publique. Les rédacteurs du Code trouvèrent ces termes trop restrictifs. Pensant avec raison que ce n'est pas seulement lorsque l'existence de la société l'exige, mais alors aussi qu'elle y a un avantage considérable, que l'on peut demander à un particulier le sacrifice de son droit, ils admirent la proposition pour cause d'utilité publique.

Le droit de propriété dont nous avons établi la légilimité, démontré la nécessité « consiste à jouir et à disposer des choses de la manière la plus absolue, pourvu que nous n'en fassions pas un usage prohibé par les lois. » La libre et tranquille possession des biens qu'on possède est le droit essentiel de tout peuple qui n'est pas esclave. Chaque citoyen doit garder sa propriété sans trouble. Cette propriété ne doit jamais recevoir d'atteinte ; et elle doit être assurée comme la Constitution même de l'Etat.

Le propriétaire peut transmettre ses biens à son décès.

Le propriétaire qui, pendant sa vie, a la libre disposition de ses biens, peut, à sa mort, les transmettre à d'autres personnes (1). Puisqu'il y a une vie d'outre-tombe, dit le grand Leibnitz, il est naturel que le mourant puisse faire des dispositions à cause de mort. Si l'homme ne rentre pas dans le néant, pourquoi ne respecterait-on pas la volonté de ceux que la mort fait passer dans une sphère supérieure (2)? Ajoutons qu'enlever à l'homme le droit de disposer des biens qu'il a acquis, lui ravir le pouvoir de les transmettre aux personnes qui lui sont attachées par les liens du sang ou de l'amitié, ce ne serait pas seulement commettre une injustice, ce serait dérober à l'activité humaine un de ses stimulants les plus énergiques. Ce serait empêcher l'homme de travailler

(1) Le droit de disposer par testament a été attaqué par Mirabeau dans un discours qui fut lu après sa mort. Mais le grand législateur n'a rallié à sa cause que de rares partisans.

(2) Le Code civil a reconnu la liberté de tester et l'a posée en principe, mais en lui fixant certaines limites. Ainsi un père qui a des enfants ne peut disposer de la totalité de ses biens en faveur d'étrangers. (Voir l'art. 913 du Code civil.)

pour l'avenir ; ce serait empêcher le père de travailler pour ses enfants.

CHAPITRE VII.

Du salaire.

Du salaire.

On appelle salaire la rétribution due au travail de l'homme qui met son industrie ou ses forces au service d'autrui.

Comment varie le taux du salaire.

Parmi les diverses sortes de travaux qu'embrasse l'activité humaine, il en est qui obtiennent une rétribution plus grande les unes que les autres. Le taux du salaire varie : 1° suivant que l'emploi est aisé ou pénible, propre ou malpropre, honoré ou méprisé ; — 2° suivant que l'apprentissage est long ou court, facile ou difficile, coûteux ou bon marché ; — 3° suivant que le travail peut se faire en tout temps, ou qu'au contraire il peut être suspendu par suite de circonstances fortuites, par exemple, par suite de l'intempérie des saisons ; — 4° suivant que la confiance qu'on accorde à la personne qui loue ses services est plus grande ou moins grande.

Il est assujetti à la loi de l'offre et de la demande.

Le salaire est assujetti à la loi de l'offre et de la demande. Pour me servir des expressions de Cobden, « le salaire hausse quand deux maîtres courent après un ouvrier ; il baisse quand deux ouvriers courent après un maître. »

Diverses circonstances influent sur le taux du salaire. Il s'élève ou s'abaisse suivant que le commerce prospère ou languit. Une branche d'industrie est-elle florissante dans un pays? les ouvriers sont assaillis de demandes ; ils peuvent exiger une augmentation pour le prix de leur travail. Arrive-t-il au contraire que cette même industrie soit en souffrance? les ouvriers ne peuvent louer leur travail, ou tout au moins ils sont obligés de se contenter d'un prix inférieur.

Le salaire varie encore suivant qu'il y a dans un pays abondance ou disette. Dans les années d'abondance, les produits nécessaires à l'existence se vendent aux consommateurs à prix réduits. Il reste à la plupart de ceux-ci de quoi se procurer des objets manufacturés. Au contraire, dans les années de disette, le prix des denrées s'élevant, les consommateurs sont en grande partie réduits à se contenter du nécessaire. Le commerce languit, le salaire baisse.

Est-il vrai de dire que les machines privent les classes ouvrières de leur travail, et par suite leur enlèvent leurs moyens de subsistance? Quelques économistes l'ont prétendu. « Si, à l'aide de machines, disent-ils, on fait avec un ouvrier la besogne qui exigeait auparavant le travail de dix, on en met neuf sur le pavé. Et ces neuf ouvriers iraient vainement chercher de l'ouvrage ailleurs, car l'art mécanique aura dû s'introduire dans tous les ateliers. Ainsi ils ne trouveront nulle part à travailler et à gagner leur vie. »

L'expérience montre combien est parfois erronée cette opinion malheureusement trop répandue. Ainsi en Angleterre, avant 1769, il n'y avait que 7,900 ouvriers employés à la filature et au tissage du coton. Les machines d'Arkwright et de Watt furent employées à la filature vers 1777. Le nombre des ouvriers occupés à l'industrie cotonnière diminua-t-il ? Loin de là. Il était en 1787 de 352,000. En 1833, il s'élevait à 487,000. En comptant le nombre des ouvriers employés aux industries qui se rattachent à celle dont nous parlons (impressions sur les étoffes, fabrications de tulles, on arrivait au chiffre de 800,000 personnes livrées à l'industrie cotonnière. Aujourd'hui, le nombre est d'environ 2,000,000.

Pour choisir un autre exemple prenons l'imprimerie. Si on compare les cinq ou six mille copistes employés au moyen-âge à faire les manuscrits au nombre d'ouvriers qu'occupe l'imprimerie, on se convainct aisément que l'invention de Guttemberg a été un bienfait pour la classe ouvrière. La France nous offre d'abord une preuve évidente de cette vérité, que les machines sont plutôt les auxiliaires que les ennemis des ouvriers. En effet, jamais il n'y a eu plus de machines en France que depuis soixante ans, et jamais la condition faite aux ouvriers n'a été plus favorable. Aussi, si parfois une invention nouvelle semble devoir amener une crise, il ne faut point s'alarmer tout d'abord et crier comme une foule aveuglée : A bas les machines ! Plus d'une fois ce qui a paru devoir préjudicier aux ouvriers a été pour eux une nouvelle source de richesses.

Loi d'airain.

Le socialiste allemand de Lasalle a soutenu de nos jours que le salaire était soumis à ce qu'il appelle la loi d'airain (1). La loi d'airain est celle en vertu de laquelle dans la société telle qu'elle est, sous l'action de l'offre et de la demande, le salaire moyen est réduit à ce qui est indispensable pour permettre à l'ouvrier de vivre et de se perpétuer. C'est là le niveau vers lequel gravite dans ses oscillations le salaire effectif sans qu'il puisse long-temps se maintenir ni au-dessus, ni au-dessous. Il ne peut rester d'une façon durable au-dessus de ce niveau, car, par suite d'une plus grande aisance le nombre des ma-riages et des naissances s'accroîtrait dans la classe ou-vrière, ainsi le nombre des bras cherchant de l'emploi ne tarderait pas à s'augmenter et s'offrant à l'envi, la concurrence ramènerait le salaire au taux fatal. Il ne peut pas non plus tomber au-dessous de ce niveau, car la gêne et la famine amèneraient la mortalité, la dimi-nution des mariages et des naissances, par suite la ré-duction du nombre des bras. L'offre de ceux-ci étant moindre, le prix hausserait par les concurrences des maîtres se disputant le travail et le salaire serait ramené au taux normal.

La loi d'airain ne s'applique pas en France.

La loi d'airain s'applique peut-être au salaire des ou-vriers allemands, mais à coup sûr, elle ne se rencontre pas en France. En effet, depuis le commencement de ce siècle, le salaire s'est élevé en France de vingt-cinq à cinquante pour cent. En même temps le prix des denrées nécessaires à la vie a subi une diminution. Cette réduc-tion est pour le blé de quinze à vingt pour cent. Cela veut dire que, grâce au progrès de la science et de l'in-dustrie, avec la même somme de travail, on produit au-

(1) Extrait de la *Revue des Deux-Mondes*. — Article de M. Em. de Laveleye.

jourd'hui davantage. Cet accroissement de la production déterminant le bon marché des produits profite surtout à la main-d'œuvre. L'ouvrier voit s'accroître sous une double forme le salaire qu'il touche, la somme est plus forte en effet et appliquée aux nécessités de la vie, elle procure plus d'avantages.

CHAPITRE VIII.

Du louage d'argent ou prêt à intérêt.

Définition du prêt.

Le prêt à intérêt est un contrat par lequel une personne livre à une autre une certaine somme d'argent, ou d'autres objets qui se consomment par le premier usage, en stipulant outre la remise d'objets de même qualité et quantité, un dédommagement pour la privation momentanée de sa chose. L'intérêt est le prix de la jouissance des choses prêtées ; il forme la différence entre la valeur prêtée et la valeur à rendre.

Notions historiques.

Il n'est qu'un peuple dans l'antiquité qui n'ait point pratiqué le louage d'argent, ou prêt à intérêt ; c'est la nation juive. Tu ne prendras point d'intérêt de ton frère, nous dit le législateur des Hébreux, ni intérêt d'argent, ni intérêt de comestibles, ni intérêt d'aucune chose qu'on prête à intérêt. Le prêt à intérêt était défendu de juif à juif pour deux raisons : l'une tirée du naturel de ce peuple, l'autre de la constitution de son gouvernement. C'est qu'en effet chez un peuple presque exclusivement voué à la culture et à l'élevage des troupeaux, la nécessité de recourir à un emprunt ne pouvait résulter que d'un accident. Au nom de la charité il était défendu à un juif de spéculer sur le malheur de son frère. Au point de vue politique le prêt à intérêt était proscrit comme devant porter une grave atteinte à l'égalité des fortunes, et détruire l'équilibre des propriétés, bases fondamentales du gouvernement.

A l'égard de l'étranger, le prêt à intérêt était permis aux juifs. Nous lisons en effet dans l'exode : « De l'étranger, tu peux prendre de l'intérêt, mais tu ne prendras pas de l'intérêt de ton frère pour que l'Eternel ton Dieu te bénisse en toutes choses où tu mettras la main. »

L'Evangile, d'après les théologiens du moyen-âge, s'inspira des préceptes consacrés par Moïse, et le Christ proclama après lui que les hommes devaient se secourir mutuellement sans espoir de récompense. « Benefacite et diligite vos et mutuum date, nihil inde sperantes. »

Si, quittant la Judée, nous passons en Grèce, nous rencontrons là le prêt à intérêt en pleine vigueur. Le taux de l'intérêt était en général de dix-huit pour cent. Si quelquefois il descendait à douze, parfois aussi il s'élevait à trente pour cent. Peut-être est-ce des Grecs que nous vint l'usage de compter les intérêts à raison de cent pour le capital parce qu'ils partageaient la mise en cent drachmes. Il est hors de doute que le prêt à intérêt était également pratiqué par les Romains et les Gaulois. En était-il de même chez les Phéniciens et les Carthaginois ? Tout nous convie à le croire quand nous songeons à leurs relations commerciales si étendues, et aux richesses que tous les historiens se plaisent à leur attribuer.

Le prêt à intérêt rencontra dans le Christianisme un dangereux adversaire qui, pendant des siècles, le fit repousser par les lois civiles de l'Europe. Peu soucieuse des intérêts sociaux, foulant aux pieds avec plus de rigueur que de sagesse, les nécessités commerciales, la loi nouvelle considère le prêt à intérêt comme une oppression du faible par le fort, comme une exploitation du pauvre par le riche. Aussi ne tarde-t elle pas à élever sa voix austère pour frapper d'anathème une pareille institution. Les prohibitions de Moïse et de l'Evangile devinrent les règles du moyen-âge sur le sujet qui nous occupe.

Du quatrième au treizième siècle, les règles canoniques s'imposèrent en souveraines. Le pouvoir royal leur avait donné son adhésion. Deux capitulaires de Charlemagne flétrissent du nom d'usure le prêt à intérêt le plus modéré et interdisent tout profit de ce genre. Il arriva cependant un moment où les prohibitions et les menaces contenues dans les édits échouèrent contre les habitudes que les nécessités de la vie et les besoins du commerce enracinaient chaque jour au sein des populations. Aussi en 1332, Philippe de Valois, sans précisément autoriser le prêt à intérêt, prend l'engagement de ne lever, ni faire lever amende, quelle qu'elle fût, à l'occasion des intérêts qui n'excéderaient pas un denier la livre par semaine. Néanmoins la prohibition de prêter à intérêt subsistait en principe. N'osant la violer ouvertement, on s'efforça de l'éluder de mille manières. C'est alors qu'on imagina une série de contrats qui sous des formes différentes déguisaient tous un prêt à intérêt. Le Mohatra, les Trois Contrats, le Change, la Rente constituée sont les plus curieuses et les plus connues de ces créations juridiques.

Légitimité de l'intérêt.

La légitimité du prêt à intérêt fut hautement proclamée par tous les économistes du dix-huitième siècle.

Assurément disait Bentham, un écu n'engendre pas un
écu pas plus que le loyer d'une maison ne naît du toit ou
des murailles. Mais l'argent est le signe des valeurs, un
intermédiaire au moyen duquel nous nous procurons
toutes choses. Une somme d'argent représente donc pour
celui qui la possède, la faculté d'acquérir, soit un fonds
frugifère, soit des marchandises susceptibles d'être re-
vendues avec bénéfice, soit enfin des outils nécessaires à
la culture de son champ. C'est donc un instrument dont
il peut faire un usage lucratif. S'il le prête, s'il le met à
la disposition d'un autre, n'est-il pas juste, n'est-il pas
légitime, qu'il participe au gain que l'emprunteur en a
pu tirer. C'est la juste haine de l'usure, disait le tribun
Albisson, qui a fait repousser le prêt à intérêt. Mais autant l'une est coupable, autant l'autre est légitime. Autant
l'une peut faire de malheureux, autant l'autre peut sou-
lager. Autant l'usure peut nuire au commerce, autant un
intérêt modéré peut contribuer à sa prospérité. Voulez-
vous paralyser l'industrie qui manque de moyens? Fer-
mez-lui les bourses qui pourraient l'aider ; car ce serait
en fermer le plus grand nombre que de ne leur permettre
de s'ouvrir que gratuitement.

Dispositions législatives autorisant le prêt à intérêt.

Le décret des 3 et 12 octobre 1789 est le premier
acte législatif qui ait admis le prêt à intérêt. L'Assemblée
nationale a décrété que tous les particuliers, corps,
communautés et gens de main-morte, pourront à l'avenir prêter l'argent à terme fixe avec stipulation d'intérêt,
suivant le taux déterminé par la loi, sans rien innover
aux usages du commerce. L'article 1905 du Code civil
reproduisit cette disposition en l'étendant. Il est permis,
dit-il, de stipuler des intérêts, pour simple prêt, soit
d'argent, soit de denrées ou autres choses mobilières.

Loi de 1807.

Sous l'empire de cette loi, il appartenait aux parties de déterminer à leur gré le taux de l'intérêt. Elles avaient à cet égard une liberté absolue. La loi du 3 septembre 1807 est venue entraver cette liberté des conventions en décidant que l'intérêt conventionnel ne pourrait excéder en matière civile cinq pour cent, ni en matière commerciale six pour cent. Cette loi, encore en vigueur, a été vivement critiquée par les économistes et certes elle mérite tous les reproches qui lui ont été adressés.

La liberté du taux est conforme aux intérêts économiques.

Si l'on se demande en effet, ce que représente rationnellement l'intérêt de l'argent, on trouve en lui deux éléments excessivement variables : Je veux parler de la prime de l'argent et des risques courus. N'est-il pas tout d'abord évident que le prix du loyer de l'argent est soumis à l'empire des circonstances et assujetti à d'incessantes fluctuations. Elevé, si le numéraire est rare, il diminue dès que celui ci devient abondant. Le législateur peut il régler ou même prévoir des variations qui surgissent à l'improviste. Peut-il imposer une règle immuable à ce qui est essentiellement changeant. C'est là ce qui dépasse son pouvoir. La fixation de l'intérêt ne peut être relative qu'à l'époque où elle est faite. Exiger l'uniformité quand la condition des prêteurs et des emprunteurs est destinée à se modifier d'un jour à l'autre, n'est-ce pas là une véritable utopie ?

Quant à la prime des risques courus, elle forme un deuxième élément aussi variable que le premier. C'est qu'en effet si l'argent de tous les prêteurs se vaut, les promesses de tous les emprunteurs sont loin de se valoir. Si l'on raisonne d'après la loi, il n'y aura certainement d'intérêt juste que celui qu'elle détermine. Cependant, dans les idées naturelles, un intérêt de sept pour cent peut n'être pas plus injuste qu'un intérêt de trois pour cent. Est-il besoin de démontrer une pareille proposition ? Primus prête à sept pour cent à Secundus, négociant hardi qui va au-delà des mers, n'offre aucune garantie, ne reviendra peut-être jamais. Tertius au contraire fait au taux de cinq pour cent, un prêt à Quartus, homme solvable, offrant toutes les garanties désirables. Quel est celui qui prend un taux excessif ? N'est-ce pas en réalité Tertius ?

Ne suffit-il pas d'ailleurs de faire un appel au bon sens le plus élémentaire pour se convaincre de ce qu'a d'étrange la réglementation de l'intérêt ? Qu'un homme vende ses biens ruraux pour acheter des maisons ; que du prix de vente ainsi employé il retire dix et même quinze pour cent, une pareille spéculation est considérée par la loi comme étant parfaitement licite, elle échappe à tout contrôle. Qu'un propriétaire au contraire aliène ses immeubles et qu'il prête l'argent qu'il en reçoit, la loi intervient pour surveiller cette opération, pour imposer des limites au bénéfice qu'il en doit retirer.

Mais, dit-on, la loi de 1807 a pour but de protéger l'emprunteur. Voyons ce qu'a de vrai cette proposition. Il est certain cas où l'on a besoin d'argent, où un emprunt devient nécessaire. Que se passe-t-il alors ? Ou l'emprunteur est solvable, ou il ne l'est pas. S'il est solvable, il trouvera toujours à emprunter à un taux fort modéré ; si au contraire il est insolvable, il ne trouvera personne qui veuille lui avancer de l'argent au taux fixé par la loi. Il sera certain de se passer d'un argent qui pour lui serait peut-être le salut. « L'étrange protection que celle de la loi de 1807 ! Elle se réduit à celle dont on accablerait un homme pressé par la faim à qui l'on dirait : Tu mourras plutôt que de payer ce morceau de pain son prix, parce que ce prix est au-dessus de mon estimation. Ici comme presque partout, c'est la protection qui tue, c'est la liberté qui vivifie.

L'Angleterre, la Belgique, la Hollande, les duchés de Brême, de Cobourg et d'Oldenbourg jouissent de la liberté du prêt à intérêt. Elle existe également dans les cantons de Genève, de Lausanne, de Vaud et de Bâle, et nulle part on ne se plaint qu'elle ait produit de fâcheux résultats.

CHAPITRE IX.

De l'impôt.

Il n'existe pas dans une société, dit M. Baudrillart, un seul genre de travail qui consiste à cultiver, à tisser, à faire des étoffes, à construire des habitations, en un mot à se nourrir, à se vêtir, à se loger. Il y en a un second non moins indispensable qui consiste à protéger le premier. Cette protection est accordée aux particuliers par l'Etat au moyen d'agents employés à divers services. C'est pour payer ces agents dont le concours nous est si nécessaire que l'Etat exige des impôts. On peut donc définir l'impôt « un prélèvement opéré par l'Etat sur la fortune ou le travail des citoyens pour subvenir aux charges publiques. »

Caractère de l'impôt.

(1) « Jusqu'à 1789, l'impôt a pu être considéré comme un tribut, comme une redevance payée par des sujets à

(1) Bathie, *Cours d'Économie politique.*

un souverain qui pouvait l'exiger en vertu d'un droit
qu'il tenait de ses ancêtres. Aujourd'hui, l'impôt n'est
point un tribut, une redevance, c'est la part de chacun
dans les dépenses publiques. Ce n'est pas la charge imposée par un suzerain à un vassal ; c'est la contribution
établie après délibération de nos représentants, pour
supporter les frais qu'entraîne l'organisation de la Société.

De la part à payer par chacun de nous.

En ce qui concerne nos personnes, chaque membre
retire de la protection sociale un service égal; puisqu'une existence doit être considérée comme aussi pré-
cieuse qu'une autre.

Au contraire, au point de vue de la protection des
biens, l'inégalité des fortunes fait que les dépenses
publiques profitent inégalement aux contribuables. L'impôt, dit M. Batbie, auquel nous empruntons cet aperçu,
doit donc se composer d'une taxe égale par tête, et de
taxes plus ou moins considérables, suivant les facultés de
chaque contribuable.

Des règles d'un impôt idéal.

Voici en quelques mots les règles qui, suivant Adam
Smith et Sismondi devraient régir la matière des impôts,

L'impôt doit être établi avec *justice, certitude, com-
modité, économie.*

Il doit porter sur le revenu, non sur le capital.

Il doit porter sur le revenu net, non sur le revenu
brut.

Il ne doit pas atteindre la partie des revenus nécessaires à l'existence.

Il doit être d'autant plus modéré que la richesse qu'il
frappe peut plus facilement se dissimuler.

Après avoir dit comment devrait être établi l'impôt

voyons ce qu'il est en réalité dans notre organisation administrative.

Dans notre ancien droit, l'impôt se divisait en tailles personnelles : tailles réelles et impôt sur les denrées et marchandises Les tailles personnelles frappaient chaque chef de famille, eu égard à tout ce qu'il possédait, moins ses immeubles. Ce système avait surtout le tort d'offrir un caractère arbitraire. Comment en effet établir d'une manière certaine le chiffre de la fortune d'un particulier ? Un autre inconvénient odieux de cet impôt était de ne point atteindre ceux qui auraient pu le payer le plus facilement : les nobles et le clergé. La taille réelle s'adressait à la terre, aucune dispense n'était admise. C'est notre impôt foncier d'aujourd'hui. Les impôts sur les denrées et marchandises qui prenaient le nom d'aides et entrées étaient ce que nous appelons aujourd'hui les contributions indirectes.

Dans notre système financier actuel on distingue les impôts ou contributions en contributions directes et contributions indirectes.

Les contributions directes sont des impôts perçus à l'aide de rôles nominatifs, sur lesquels sont inscrits les noms des contribuables et les sommes qu'ils doivent verser entre les mains des agents du fisc.

Les contributions indirectes sont des taxes frappant des marchandises. Je citerai comme exemple l'impôt sur les boissons. Elles se perçoivent chaque fois que se produisent certains faits : chaque fois par exemple qu'une pièce de vin passe de la cave du vigneron dans celle de l'acheteur. On ne peut connaître d'avance quel sera le produit des contributions indirectes. Il s'élève généralement à 1,600 millions.

Il est un grand principe admis en matière d'impôt : c'est que les contributions ne doivent reposer que sur des bases fixes et pour ainsi dire palpables. Ainsi disparaît ce caractère arbitraire qu'elles avaient autrefois. On ne saurait toutefois nier qu'il serait plus équitable que l'impôt ne frappât que le revenu. Mais on a à craindre la fraude et les déclarations mensongères, et on doit redouter d'être entraîné à un système d'inquisition pour connaître la vérité.

Impôt proportionnel.

L'impôt peut être proportionnel ou progressif. L'impôt proportionnel est celui dans lequel chaque unité de revenu supporte un impôt, de sorte que l'impôt croît proportionnellement au revenu. L'impôt progressif est celui dans lequel l'accroissement de l'impôt est tel que les unités subséquentes supportent une part plus considérable que les unités précédentes, en sorte qu'il arrive un moment où le revenu est entièrement absorbé par l'impôt. L'article 15 de la Constitution du 4 novembre 1848 pose le principe de la proportionnalité de l'impôt.

L'impôt direct embrasse quatre catégories de contributions : 1° la contribution foncière ; 2° la contribution personnelle et mobilière ; 3° la contribution des portes et fenêtres ; 4° et enfin la contribution des patentes.

Impôts de répartition et impôts de quotité.

Les trois premières contributions sont dites impôts de répartition ; la quatrième est un impôt de quotité.

Les impôts de répartition sont ceux dont le montant total en principal est fixé chaque année par l'Assemblée nationale qui le répartit entre les départements qui ont ainsi un contingent pour chacune des trois contributions.

Les Conseils généraux répartissent ce contingent entre les arrondissements. Les Conseils d'arrondissement le répartissent entre les communes; enfin les répartiteurs répartissent le contingent communal entre les contribuables.

Pour l'impôt de quotité, chaque contribuable paie une taxe; la réunion de ces taxes produit le total de la contribution qu'on ne peut connaître à l'avance. — Tous les impôts indirects sont des impôts de quotité.

De graves reproches ont été adressés à notre système de contributions. Il est vrai qu'il est loin d'être parfait. Mais est-il possible d'atteindre l'idéal en cette matière ? C'est ce qui est fort douteux. « Lorsque l'état des dépenses publiques ne permet pas de réduire les impôts, et que d'ailleurs on ne propose pas d'impôts mieux assis et mieux répartis, les critiques demeurent stériles. Car il faudrait remplacer les taxes qu'on blâme, et on ne trouverait que des combinaisons aussi mauvaises ou pires encore. »

De la nécessité de l'impôt.

Un ministre du gouvernement de Juillet a dit un jour à la tribune « que l'impôt était le meilleur des placements.» Nous sommes certainement loin de partager cette opinion. Mais ce qu'il y a d'incontestable, c'est que les impôts sont d'une absolue nécessité. C'est ce que M. Batbie a parfaitement mis en lumière dans le passage suivant: « Pour protéger le travail et les propriétés, dit-il, il faut faire des dépenses publiques, sans lesquelles il n'y aurait ni sécurité, ni ordre, ni production, ni richesse. Pour couvrir ces dépenses publiques, des ressources sont nécessaires, et l'impôt est le moyen normal d'y faire face. Les dépenses publiques et les impôts qui leur correspondent sont la première condition de la production do la richesse : toute économie faite au détriment de la sécurité publique serait désastreuse, car on perdrait beaucoup plus par suite de la diminution de production qu'on ne mettrait en réserve par les économies. Les dépenses publiques sont les frais généraux de la société, il serait tout aussi insensé en matière de gouvernement de ne pas dépenser ce qui est nécessaire pour avoir un Etat bien policé, que de réduire en matière industrielle la dépense des frais généraux, indispensables pour assurer et étendre la production. »

Chaumont, 18 avril 1877.

TABLE DES MATIÈRES.

CHAUMONT. — IMPRIMERIE CH. CAVANIOL.

www.ingramcontent.com/pod-product-compliance
Lightning Source LLC
Chambersburg PA
CBHW071321200326
41520CB00013B/2841